Nicolás Rey

# ÉL SOLO HECHO

(2000/2009)

© **Nicolás Rey – 2013**

Él solo hecho. - 1a edición
Buenos Aires : el autor, 2013.
82 p. ; 22x15 cm.

**ISBN 978-987-33-3641-6**

Foto Portada: Marcela Kepic;
Iglesia del Centro Histórico, Porto Seguro,
Bahía, Brasil.

Para Carolina,
el regalo que me hicieron las estrellas;
y para los que ya no están.

Tras mi descarne
hicieron trato
cuatro perros

Los huesos, pidió uno
El corazón, otro
Las vísceras, el otro

¿Y yo qué haré con esto?
preguntó el último
con el alma entre los dientes

¡Ya sé! se contestó
Se la tiraré a los hombres
que algo me darán

Desde entonces escribo.-

Retrocedí tres mares
en una jugada desastrosa...

Pudiera saltar
sobre los caparazones de tortuga
para alcanzar mi cubilete
a la deriva,  pero no

Debo encontrar la pérdida
aquí en que todo es plano

Guardar mi dimensión
como un reproche
para futuras muelas
no empecinadas
en masticar las piezas.-

Si tu reflejo no forma el anagrama
no importa, inténtalo de nuevo

No hay que pensar
que el agua está confusa
Es necesario o mejor dicho
es imperioso
reconocer quién vive
Desmenuzar cada palabra
cada intención cada mandato

Siempre se puede corregir
un mal comienzo
Y además cada evolución
comprende la anterior
aunque la desprecie

Inténtalo de nuevo.-

*A veces la muerte pasa como distraída,*
*y uno la puede ver*

Te tuve entre mis ojos
el instante más corto
Te vi doblar la calle
con tu modo tan triste
que me quedé sin aire
sin volumen
hasta convertirme
en sombra de tu sombra
y confundirme con la noche
más temida y más calma.-

Quise medir
la fuerza
de tus golpes
con el cuerpo

No recuerdo
qué puntaje
te di.-

## LOS MEJORES NEGOCIOS

Nadie construye muros de algodón
como yo los construyo
salpicados de húmeros de incienso
y atriles de nácar labrados en opalina

Como no se sostienen por sí mismos
les busco marcos rústicos
los cuelgo contra el cielo
con bellas filigranas
y necesidades anidadas
y fragmentos de celuloide mudo

No sé por qué los quiero
No tienen ningún fin
No abundan en destrezas
Ni les he encontrado utilidad

Pero hago acopio de ellos
Soy quien mejor los hace
Algún día, alguien necesitará
y yo tendré.-

A veces
soy la mano escribiente
a quien no importa
el sentido de los grafos
Es decir
también existe gozo
en el acto en sí mismo
aunque inmediatamente
se le reclame nombre
dirección posteridad.-

Me descolgué de un sueño
como quien se desprende
de una rama demasiado
alejada de su propio equilibrio

En el incalculado descenso
las formas de la vida
se me abrieron
dejando al descubierto
el más ecléctico disfraz
una osamenta usada
y carente del básico pudor

Mientras venía transformé
a mis fantasmas en aliados
a través de complejos mecanismos
entregando a cambio
lastre de corduras
y otros bienes menores

Pero ahora estoy aquí
forjado a esta mesa
Los fantasmas no son los míos
ni el equilibrio ni los sueños
No sé cómo proseguir
ni siquiera esta idea

Acepto sugerencias,
preferentemente pronto.-

## TOMA II (Ceca)

Muy bien, m'hijo; aaabra la boca.
Perfecto.
A ver, diga treinta y tres.
Eeeso es.
¿Cuánto hace que no lee un libro?
¿Y al cine?
¿Cuánto hace que no va?
No, m'hijito.
Lo que usté tiene es
una entorsis de pasión.
Hágame caso:
encuéntrese con sus amigos,
los de adentro y los de ajuera.
Va ver como romper
la inercia es fácil;
sólo hay que dejarla que se canse.
Y después uno se corre, ¿vio?
como si nada...

El interior revuelto
genera confusiones y tratados

Reflejos equidistantes
sobre el laberinto
de espejos que deforman

¿Quién es ése de ahí?
¿Y ése que va allá?

Nadie se arriesga
a predecir a nadie

Y yo sólo retrato
el interior de voces
como un tic
de la angustia
leyendo su libro
de autoayuda
sin éxito.-

Abrumado por el desorden
sostenido y sistemático
he consolidado mis noches
en un recurrente purgatorio
de un infierno
que por alguna razón no alcanzo
aunque permito.-

Las terribles hojas del tedio
se aplacaron sobre
mi paradigma de sabiduría.
¿Cómo y cuánto se decide saber?
Algunas cosas se resuelven
con tan soberana sencillez
y otras tan hondas
que parecen el aljibe
de la muerte.-

A ocho minutos luz
de tu sonrisa
no me desploma el viento
ni me deshace la lluvia
En la elaboración de la vida
junto las pocas piezas
Armo el mural de la desdicha
-lo armo lejos-
y te extiendo
mi otra mano de sol
y nos consumo.-

## ELLA y YO

Ella tiene miedo de que la abandone
Como si fuese posible
deshacerse del amor
como si se tratase de una prenda
que ya no se adapta a las formas
de su nuevo cuerpo

Ella mira por las ventanas
de su fortaleza de estímulos
con los ojos del recuerdo
de su sensación inexpugnable
mientras yo adivino
una carcaza perimida
que se cae a pedazos
con sólo mirarla intensamente

Ella aún no piensa
que la fuerza de los hechos
es incontrastable
No confía en que ese tercer individuo
-la pareja- que hemos construido
ha acumulado y cuánto
para ayudar a sostener este momento

Ella conoce la pizarra
sabe de su existencia
mira la raya que divide
los pros de los contras
los éxitos de los fracasos

las asignaturas pendientes
de las magníficas notas
como si se tratase de contendientes
de una justa deportiva incierta

Ella no entiende todavía
que las que ha pasado de este lado
ya no pueden regresar al otro
Ella tiene el borrador en la mano
Ahora le toca
Todavía cree que puede usarlo
para eliminar las metas
el amor
a mí
Pero yo sé que no

Aunque debe descubrirlo por sí sola.-

## ANIMUS DOLENDI

Juzgo a los pájaros
por su mirada
No por su color
o por su canto
Cómo saber entonces
cuál es el árbol
de la alondra
Dónde esconde
el jilguero su tesoro
No me conformo
con disfrutar
su magia
Y lo que obtengo
es la mirada
más pétrea
de este mundo.-

Cuántas veces al día
se me cruza tu retrato
sin rostro
con tu palabra nunca

Exímeme de culpa
Lo he intentado

Puedo sobrevolar tus muros
pero no puedo traspasarlos
en tu ausencia

Ahora me marcho
hacia tu nunca
Con la absurda conquista
de nuncaencontrarte.-

## MAL DE AUSENCIA

*Argentina, ¿dónde estás?*

Los grandes edificios
Los grandes nombres
Los grandes hombres
Las batallas
La gloria
Morir
¿Dónde estaban
cuando se hizo el reparto
y nos dejamos en manos
de esta gente?.-

Debí desconsolarme
tan temprano
Todo se transformó
en una fábula
tan pronto
Que negocié
con mi maldad
como si fuera
Y me quedé esperando
tu rechazo que no vino.-

Otro otoño despunta
desde las cuevas
donde desova el amor
El aire se puebla
de hojas tremendistas
nosotros nos amamos
y el Sol hace lo mismo
sólo que un poco
más lejos.-

Errores pequeños
Verdades pequeñas
Pergeñadores
de historias pequeñas
¿no será tiempo
de equivocarse en grande?

Esto que surge de mí
es lo mejor que tengo y he tenido
La forma más plural
de aseverar que yo,
Nicolás Rey,
estuve en este mundo
Y que mientras estuve dije
y de este modo
Todo lo demás es alimento
del olvido, una mota de polvo
sobre el más irregular
de los terrenos
¿Vale la pena entonces
 el esfuerzo de estirar
 una ramita?
Yo creo que sí.
Y si no, ¿qué es lo que se pierde?
Nada; una ramita
Ya crecen otras
Pero yo dije a tiempo
y de este modo
que lo vale.-

## NEW PARADOJAS

Sincretismo elucubraba la lluvia
mientras amapola desesperaba
por la invención del agua
Luego cayó el rayo y
¿dónde dio?
En amapola, obviamente,
mientras sincretismo anotaba
"flujo de electrones,
 efecto secundario no deseado".-

Desperté en el lugar
de todas las respuestas
de la belleza
de la bondad
de la justicia

No quise romper el equilibrio
-tal vez no supe o pude-
así que nuevamente me dormí
dispuesto a soñar
que ese lugar no existe
Y ya no desperté

Y aquí estoy, con ustedes;
no creyendo.-

## LOLA

*Por algo nos quitaron*

Miro tu casa
todos los días
cuando voy a la escuela
a buscar a mi hijo
que tiene la edad
que nosotros teníamos
cuando en esa casa
mirando hacia el río
nos dimos un beso
por primera vez.-

Tomé color
con tu cuerpito fusionado al mío
y mientras el Sol
me tatuaba tu sombra
soñé que todas mis voces
nos fundían
Y compartimos el mundo
de los sueños
mano con mano
salto con salto
sobrevolando peluches
y delfines y mares
dibujando con crayones
que nunca se terminan
desestimando monstruos
de tan convencionales
Y cuando desperté
y te sentí a mi reparo
tomé esta última hoja
de papel mágico que se esfumaba
y te escribí esta carta de amor.-

Tus ojos tan azul gris discutible
Tu vertiginosa espalda a dos lunares
Tu mal pasado persistente y nublo
Tu caja con tu eme
Tu cerrojo
Todo lo extraño a tientas
en estas tardes de sombra
con abrojos
De colmenares atenazados a ceniza
Mirándome vagar
para aterrizar a tu junto
y abrazarte
Que es como un Dios
que no sabe que es
pero lo intuye,
exultante y avergonzado.-

## JLB I

Llevo una piedra
envuelta en carnes
a veces tan liviana
y voluptuosa
como el vientre seco
de las montañas de fuego
a veces tan pesada
e inescrutable
como el alma comprimida
de las montañas de hielo

A veces
puedo negociar sus estados
por una ventanilla itinerante
que me habilita
en diferentes horarios del cuerpo
y a veces no puedo si no
seguirle la corriente
por las calles, balcones o barrios
que erige para manifestarse
mientras los hombres
y yo con ellos
atendemos sus quehaceres
terrenales.-

## JLB II


Consulto mi manual
de poemas no descubiertos
que es mucho más
que una mecánica de ausencias
que evanesce en la página
donde sólo cruzaban líneas
de dudosa rectitud

El mensaje finalmente recrudece
hacia el ámbar o el ónix
con pequeñas dosis
de imprevisibilidad

No tengo ningún mérito
en el proceso.-

La tormenta de rayos
gira sobre los ejes
de mi almohada y discute

Son como espíritus malignos
apenas sugiriendo su posibilidad
con tintineos siniestros

Las persianas han bajado la vista
con tal de no saber

Yo estoy afuera estando adentro
estando afuera

Y acaricio los truenos

Y no tengo respuestas.-

Salta de dos en dos
toda la plana mayor
de mi tormento

En la rayuela inversa
cuya cabeza es el infierno
¿Vienen o van?

No lo sé todavía
Tampoco he podido
hacer que se tropiecen.-

El principito moderno
hubiera hablado

*Me declaro prescindible*
*a tus ojos y veraz*
*al corazón,*
*que es lo esencial*

O en viceversa,
¿cuánta liviandad es necesaria
para que una bandada
de pájaros silvestres
no digo lleve al cielo no
siquiera nos sonría?...

La gramática me enseñó
que no debo tener
una corazonada
Debo tener
un corazón nado
Porque quizás fue
el a-buzo
lo que me dejó
tan congelado
O creer
que jugar con palabras
puede curar tu misterio.-

Como mis tres mitades
aún a la deriva complementan
Desde el aspecto humano
No desde el geográfico
o el cívico
Puedo descontrolar los mares
sin zozobrar al desvarío
Porque cada tanto me reúno
y en ese abrazo convergen
todas nuestras vicisitudes
Y luego descorremos
las olas remanentes
y acariciamos
lo que nos dejó mi tempestad.-

La mirada clara
sobre el fondo oscuro
y en el medio nosotros
sin saber qué cubrir.-

Hoy también conozco
que esta pena se disipa
sin fisuras
Sé que mañana
no quedará registro
del dolor
Sé que la lluvia
y la noche
y la razón
harán su trabajo
y lo harán bien
Sé que las expectativas
no han sido satisfechas
ni nunca lo serán
Todo eso está
frondosamente claro
Pero ahora
¿Qué hacer con el ahora
que es totalmente sordo
de entendimiento?
Es un eterno problema
de escenario presente
Mañana ya sé.-

Imagina que un largo
e inescrutable espectro
ha bajado a grabar su sonrisa
en los cuencos del mar

El silbido del viento
se parece a la ausencia
que ha vaciado el lugar
que dejó al descender

En su camino, morigerado
por visiones de espuma
y cantos disonantes y cortos
halló consuelo
y dolor y pleitesía

Sueño que el agua
trae gotas de su mente dormida
amortajada por conductos
que jamás volvieron
a ver la luz

Imagina que ahora
se ha recompuesto
exactamente aquí
A tu lado
Y que te cuenta su historia
de silencioso trayecto
a mi través
y que das vuelta la página
y no has entendido

todo lo que acaba
de cambiar en tu vida

Y das vuelta la página.-

Traigo recuerdos
del día en que
La Tierra se subleva
como fotos
de una ceremonia
¿Realmente
 quieren verlas?.-

Puedo deconstruir el claro
reforestando el antes
sin pernoctar
la sensación de ahora
Y sin embargo
el cuadro se transfiere
al nuevo marco
y el rocío se conspicua
a la piedra
Y Yo
el centro de este bosque
el borde de este claro
me traslado a la vejez
por otra senda
haciendo caso omiso
de las flechas.-

## SUEÑO DE MUCHAS NOCHES DE VERANO

Ella me vigila
por sobre la atmósfera
de nieblas
Tiene el sueño liviano
como un ala de mármol
como un pacto de cisne
como un ojo de buey
al horizonte

Nos miramos

Me vigila

Nos miramos

¿Cómo explicarnos
que el resentimiento de la hora
es mutuo y que hace bien,
que no opaca el amor
ni la alegría ni el vínculo,
sólo que hay que dormirse
y cuanto antes?.-

El sol por la ventana
ese intruso insolente
no comparte que
no puedo moverme
no le importa
hacer daño a los ojos
tironear de los brazos
empujar a las piernas
insolente que me viste
me salva.-

De qué material
estaba hecho el infortunio
ella sabía
De tanto desprenderle
los botones
De hurgar en sus escatos
Como de darse
apercibida por el nácar
cerró una noche a dos cerrojos
erguida azul
viento en el rostro
botella al mar con sus hormigas
y a descansar la negra paz
de las profundidades.-

Hasta que fui quien fui
fui como soy ahora
Por una extraña parábola
me adelanté
y no me gustó lo que vi
Así que a ése
que nunca fui
le debo ser
como soy.-

No hay nada que hacerle,
Dotora.
Me duele la Luna
en un costado
casi tanto como el reproche
de su sencia.-

## MEDIOVEO

A tu oscuro deseo
le opuse
mi oscura certeza
La noche nos tapó.-

## LA CARRA

Ayer,
con la crudeza
de los actos inesperados
vi confundirse
a la vida con la muerte
en una escena:
dos perros salvajes
atacaron la cabra
que acariciaban mis hijos,
y cada uno hizo su rol.
Mis hijos lloraron,
yo expliqué con voz grave,
los perros comieron
y la cabra fue.-

Te invito a mi tormenta
Sin lluvia
Sin nubes
Sin viento
¿Viste que igual
da ganas de repararse?

No dirimir los párpados al este
cuando la corona del astro
inflige el día

No pernoctar al claro
cuando la bola de tiza
se afirma en cuadratura

No abominar el universo
que como la esperma de Dios
se difumina en viaje permanente

No contradecir las normas

Es decir
Tampoco hacer
todo lo posible
por cumplirlas.-

Cuánta tendencia
a tu despálida inquietud
hizo que el brillo
de los astros
me adormiese
Como si figuráramos
en una colación
no obligatoria
nos vimos a las manos
tan juntas y sombrías
que no capaces
de no perpetrar un Sol
nos llevan juntos
a un futuro juntos
tan distante.-

En la región recíproca
Donde lo antiguo
y lo moderno coexisten
Ella todavía espera

Si abro la luz, la toco,
le quito el polvo
a su encofrado,
ella me mira
con sus ojos
de nene que no entiende

¿Qué puedo decirle?
¿Que la pasión
  y la fusión
  y el canto
  quedaron al otro lado
  del futuro?

Es que tampoco yo
tengo esa llave
Nos encontramos aún
en la región recíproca
Donde lo viejo y lo nuevo
nos conciernen.-

# EL REGALO

*A Carolina, que completó mi número mágico*

En la foto monumental
del Universo
En la que todo está pasando
al mismo tiempo
En esa porción infinitesimal
que represento
En ése punto quark indibujable
indetectable e indivisible
Yo te veo
Ya estás allí conmigo
como lo estás ahora
Porque te quise desde entonces
te busqué desde entonces
te supe desde entonces
y ahora te muestro a upa
con nuestra lupa fabulosa:
"ves, ésta sos vos, Caro,
  y éste soy Yo", entonces,
pero siempre.-

Alguien me dijo alguna vez
que los secretos no revelados
son como la espuma
de una verdad
que se presenta a destiempo

Como esa foto única
que ocurre a nuestra espalda
En el instante en que los párpados
En el segundo después de la puerta

¡El Mundo está repleto
de maravillas de otra esquina!

Dicen que lo difícil
es aprender la pausa
que nos evitaría correr
hacia esa revelación inalcanzable

¿Será tan así?
¡Démonos vuelta y descubrámoslo!

La Biblia dice "parirás con dolor",
pero calla que nacerás con dolor.

¿Es sólo una omisión moral,
un error de método?

¿Cuántas vueltas de cordón
hacen falta para ahogar
a un hombre?

Porque nos atrae
lo violento del mar
bandera roja
no te metas

El silencio ominoso
que viene después
del peligro

A veces no basta
con aprender los ejercicios

Hace falta despellejarse
contra las rocas
para recordar que después
está la playa.-

# JÚPITER

Puedo entender al desamparo
como un castillo
de naipes de arena

Soportado
por un hilo de seda
del gusano más tenue

Mientras sopla
la tormenta más irracional
que imaginemos

En un mundo
como Júpiter, no el nuestro
no apacible

Así es el desamparo
Aunque sólo te roce
Aunque sólo te toque
con un grano de brisa
de una carta de arena

Así es mi desamparo
Como una lluvia tenue
de gusanos
Como una vida pupa
Al amparo de
un destierro permanente.-

En una isla
donde se retira el mar

En un terruño
rodeado de lagos menores

En una fosa
abierta al cielo

En una costa
abrazada por Tsunamis

En este tiempo
signado por todos los desastres

¿Yo dónde me pongo?
¿Yo cómo me salvo?

Si una próxima
grieta se abre,
se abre en mí.-

Alguien creó al monstruo
Alguien lo alimentó
Alguien le tuvo miedo
Pero yo, ¡yo le di sentido!

## HOUDINI LIGHT

¿Sabés por qué me engaño?
Porque me cuesta más
no hacerlo

Fingir honestidad,
ése es el truco

Encadenado
en la caja de cristal
dar una bocanada
y respirar como un pez
Ésa es la sorpresa

El público puede tolerar
lo inesperado
¿Por qué yo no?

Hago la noche
La hago en un cuenco
Le agrego brillantina
Un limón
Algunas nueces
La mezclo despacito
No la espío
Agarro el cuenco, lo sacudo
No se oye nada
¡Porque es de noche!
Sigo batiendo
con un tenedor que
oficia de cometa
Separo el bol
Lo arrojo al aire y...
La noche
queda suspendida
como por arte
de magia
Pero no es arte
ni magia
Es sólo fe

Bueno, y un
poco de magia.-

## PADRES DESAMORADOS

Hicimos el amor con mi mujer
por la mañana, un Viernes

Es algo tan poco habitual
que parecía haber estrellas
en el cielo

Después nos quedamos
destapados
aunque empezaba el frío

Es algo tan poco habitual
que parecía no haber puertas
en los cuartos

Y nadie nos llamó

Y no los extrañamos
ni un poquito.-

## VES, SOMOS IGUALES

A veces escribo
como un poeta extinto

Rehúyo de la misma
materia que convoco

La poesía también
es un acto de a dos

Sólo que a veces
aparece sin mí.-

Raro rubor
acrecentó en mis mejillas
No fue vergüenza
ni mentira
ni gusto
Sólo un raro rubor
como mapa inmediato
de la mente.-

## REVELACIÓN DIURNA

Era un viaje muy largo
cuando te dimos el nombre
Carolina Belén
La estrella
que guiaba a los Reyes

Creo que desde entonces
no he dejado de seguirte
como a un pequeño
Sol particular
que me ilumina
más allá de toda duda

Porque después de vos,
mi noche ya no tiene
más sombras.-

Reunión de octetos
todos los Lunes
Llevar siete zafiros
y una pala
No comentar a extraños
Enterraremos nuestras
penas a las ocho
Ser puntuales
¿Los siete zafiros?
Son para arrojar al mar
cuando atardece
Su brillo contra el agua
ilumina la razón
Nubosidades abstenerse.-

Tengo un reloj que tiene fin
Tengo una fecha que no sigue
Tengo un tren
con un número
determinado de vagones
y un cabús
Tengo un cuaderno
Una birome
Un capuchón
Tengo una página final…
Ahora que terminó Héroes,
¿qué voy a hacer
viernes trasnoche?
Está bien, si
les parece tan importante,
volveré a leer poesía.-

Yo sedimento en tu accionar
Y me acumulo en tu saber
Soy el pesar en tu mirar
Y el a pesar de tu deber
Borro tu rastro
Limpio tus huellas
Por si estuviste
no estuviste
Nadie te ve como yo
porque nadie te ve
Y sé que querés
deshacerte de mí,
pero…
¿Entonces quién
 nos va a cuidar?
No te controles más
¡El bien y el mal no existen!
Son los padres
Y ahora el padre sos vos
Dame mi castigo.-

Piedras, no Luceros,
cayeron de tu espacio
incinerando
la cenefa de mi virtud

Así aprendí
que los sueños
al romperse
no hacen ruido

Pero los corazones sí.-

Como la exfoliación
de una verdad horripilante
nos deja esa rebaba
transparente entre los dedos
Así el calor de los ofidios
envuelve al corazón
por un instante
con su manto de piel muerta

Entendiendo que el dolor
precisa de un lugar
para manifestarse
Una representación puntual
en el compendio de lo táctil
Si yo dijera entonces
que no es posible
sentir dolor en el alma
estaría negando mi propia
posibilidad de curación

Y yo quiero curarme

Existe espejo
en las escamas nuevas
Existe el dolor
y existe el alma
En ocasiones se cruzan
y se redescubren
Y en algún lugar
dentro de mí
llueve y relampaguea.-

A lo mejor
la otra vida
era ésta
y aquí
practicamos
todo
lo aprendido
y después
nos recibimos
de muertos.-

De mi manual de impericias
hay una página
que siempre practico
Salto en largo

Me gusta ver como
esa marca inalcanzable
se mantiene inalterada
a mi propósito

Es una forma práctica
de recordar
que no debo medir
mi espíritu
con herramientas necias.-

## LA RETINA

Hay un dibujo
en mi interior
del ojo
Que mira
el interior del ojo
desde el interior
de su dibujo
Comparten el canto
de un espejo
que no los refleja
Y ambos,
dibujo y ojo,
creen que el mundo
es lo que está
del otro lado.-

## ADIVINANZA

De nada sé realmente mucho
Sólo de poco sé un montón
Transito la domesticación
como enfermucho
pero en mis ojos mansos
brilla la traición
¿Quién soy?

## LA VEDA ES SUEÑO

Cada día me tarde más acuesto
¿Será que lo longevo
lo insomne lo inconcluso
me hacen mudar la cama
en rotisario?
Doy vueltas y más vueltas
hasta que me levanto
con un solo objetivo:
escribirme a sentar.

Y me siento a escribir.-

# ÍNDICE

www.ingramcontent.com/pod-product-compliance
Lightning Source LLC
Chambersburg PA
CBHW021212020426
42331CB00003B/328